El Castillo de San Severino
imágenes de historia

Odlanyer Hernández de Lara
Victorio Cué Villate
Boris Rodríguez Tápanes

Arqueología
Aspha
Historia
Patrimonio Sociología Antropología

Primera edición, 2017

Hernández de Lara, Odlanyer
El Castillo de San Severino: imágenes de historia / Odlanyer Hernández de Lara; Boris Ernesto Rodríguez Tápanes; Victorio Cué Villate. - 1a ed ilustrada. - Ciudad Autónoma de Buenos Aires: Aspha, 2017.
50 p.; 27 x 21 cm.

ISBN 978-987-3851-14-8

1. Historia. 2. Arqueología. 3. Arquitectura. I. Rodríguez Tápanes, Boris Ernesto II. Cué Villate, Victorio III. Título
CDD 863.9282

Textos: Odlanyer Hernández de Lara, Boris Rodríguez Tápanes y Victorio Cué
Ilustraciones: Victorio Cué
Diseño y diagramación: Odlanyer Hernández de Lara

Aspha Ediciones
Virrey Liniers 340, 3ro L. (1174)
Ciudad Autónoma de Buenos Aires
Argentina
Telf. (5411) 4864-0439
asphaediciones@gmail.com
www.asphaediciones.com.ar

Progressus Heritage & Community Foundation
3139 Collin Drive
West Palm Beach, Florida 33406
United States of America
Telf. (1) 565-598-3515
info@progressusfoundation.org
www.progressusfoundation.org

INTRODUCCIÓN

La defensa de los territorios conquistados a partir de 1492 se convirtió en uno de los principales retos para España. Con la explotación de los recursos naturales de América, como el oro, la plata y especias exóticas, los ojos de las potencias europeas comenzaron a mirar hacia las tierras del otro lado del Atlántico. Las disputas no tardaron en iniciar. Enseguida, corsarios, piratas, bucaneros y filibusteros se lanzaron a la mar a por nuevos botines.

Las guerras también se convirtieron en algo usual. Inglaterra, España, Portugal, Francia y Holanda fueron protagonistas. Todos, en busca de nuevos territorios que explotar y mercados que abastecer. La mano de obra esclava fue una de las vías más terribles para disminuir los costos. Primero los indígenas americanos y luego los africanos abastecieron las ansias de riqueza de los colonizadores.

España había establecido un convoy de barcos mercantes protegidos por una importante flota de galeones de guerra para trasladar los recursos extraídos de América hacia la metrópolis. La famosa Flota de la Plata fue uno de los principales objetivos de corsarios y piratas. Fue en 1628, en las aguas de la bahía de Matanzas, cuando el corsario holandés Piet Heyn atacó y derrotó a los hispanos, haciéndose de un rico botín de oro y plata.

Luego de ese atentado para la economía española, se propone la fortificación de la bahía de Matanzas y la fundación de una nueva ciudad, para proteger un espacio natural que estaba muy cerca de La Habana. La decisión del Rey se hizo esperar. En 1680 ya se conocía la propuesta del ingeniero militar Juan de Císcara para la nueva población y su castillo. Pero no fue hasta 1693 que se decide fundar la entonces denominada ciudad de San Carlos y San Severino de Matanzas. Un día después de su fundación, el obispo de Cuba y el Capitán General de la Isla llegan al paraje donde dieron comienzo oficial a la construcción del Castillo. Sin embargo, la obra constructiva se había iniciado un tiempo antes, lo que permitió que ese día se pudiera colocar y ser bendecida la primera piedra.

La fortaleza fue denominada en origen como San Carlos de Manzaneda, en honor al Rey Carlos II de España y al Capitán General de la Isla de Cuba, Severino de Manzaneda. Luego de más de medio siglo de avatares, se culmina su construcción. Pero pocos años después, en 1762, el entonces Comandante, Felipe García Solís, vuela parte de la fortaleza con la excusa de evitar que esta fuera ocupada por las tropas inglesas que ya habían tomado La Habana. Los ingleses ocuparon el occidente de Cuba por casi un año, incluyendo la ciudad de Matanzas y su castillo. Al firmarse el Tratado de París que dio fin a la Guerra de los Siete Años entre Inglaterra y España, el occidente de Cuba vuelve a manos hispanas y el castillo entra en una etapa de abandono sin precedentes.

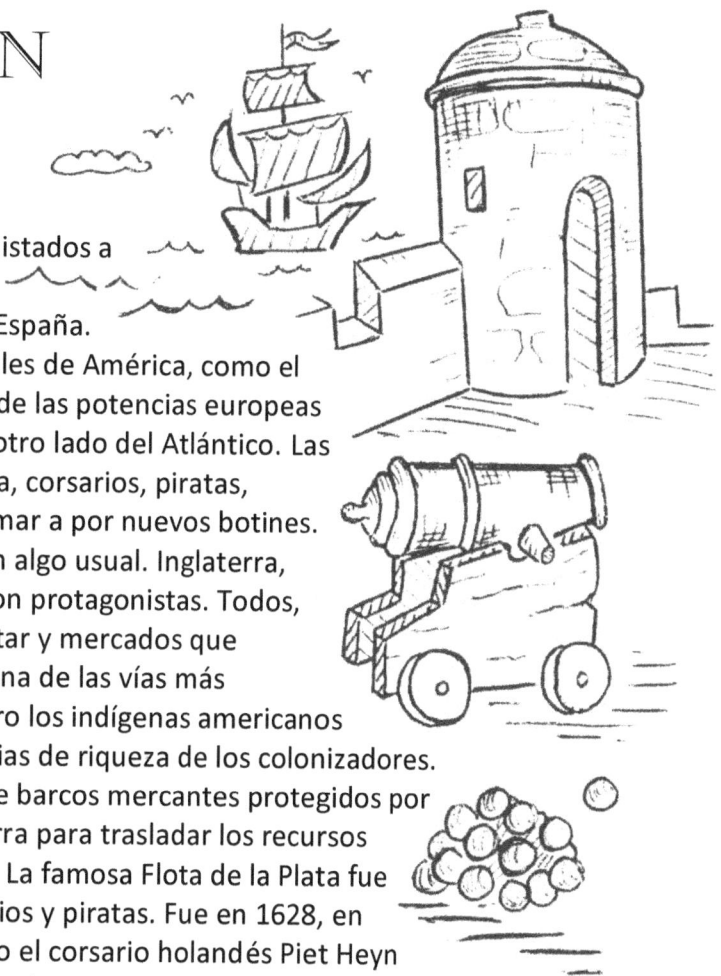

Sin embargo, luego de algunos años en los que se evaluaba su total demolición, comienza a reconstruirse la fortaleza matancera. Durante su historia, fue utilizada no sólo para proteger el puerto, sino también como aduana y prisión principalmente. Con el inicio de las guerras de independencia de Cuba en el siglo XIX, España dejó de preocuparse tanto de los enemigos externos, para comenzar a ocuparse de los conflictos internos con los cubanos que querían, a punta de fusil y machete, ser libres y soberanos. Como resultado, varios mambises sufrieron prisión en las dependencias del Castillo de San Severino, donde fueron fusilados muchos de ellos. Todavía hoy se pueden observar en los fosos, los lugares de fusilamiento que se utilizaron durante muchos años.

La prisión modificó la estructura de la fortaleza. Las rejas que hoy se encuentran como ventanas y puertas, al igual que el gran muro que separa la rampa de la Plaza de Armas, son la herencia de esa etapa de la historia del inmueble. Todavía hoy se pueden encontrar inscripciones de los presos y huellas de los muros que los separaban.

A finales de la década de 1970 el Castillo deja de ser prisión y se utiliza como almacén y oficinas, cayendo en abandono un tiempo después. La vegetación creció sobre sus muros y la antigua fortaleza militar se convirtió en un bosque, a pesar de haber sido declarada Monumento Nacional de Cuba por sus valores históricos y arquitectónicos.

Mientras tanto, se realizaron diversas investigaciones arqueológicas para conocer mejor las historias de sus habitantes, para develar los misterios que encierran sus anchos muros. Las excavaciones permitieron hallar muchísimos objetos de la vida cotidiana en la fortaleza. Platos y otras vasijas, pipas para fumar tabaco, botellas de cerveza, ginebra y vino, fichas para juegos como el dominó y otros más difíciles de dilucidar, balas de cañones, bayonetas, hebillas y otros elementos fueron rescatados. Muchos de ellos importados de España, Francia, México, Inglaterra, pero otros, como algunos botones de hueso, eran hechos allí mismo. Hoy, los arqueólogos siguen estudiando detalladamente cada artefacto, para profundizar en las costumbres de antaño.

Luego de algunos años, comenzó definitivamente a restaurarse el inmueble más antiguo que aún existe en la ciudad, para convertirse en museo. Después de un trabajo encomiable y la dedicación de muchas personas, todos pueden visitar y admirar el Castillo de San Severino, una joya de Matanzas, donde transcurrió parte importante de nuestra historia.

El museo está dedicado a la Ruta del Esclavo, con salas que recorren la trayectoria desde el África hasta el continente americano, en conjunto con documentos y materiales que representan su historia en estas tierras. Algunas evidencias arqueológicas en exposición fueron rescatadas en un refugio de esclavos cimarrones localizado en una cueva en las cercanías de Limonar, y otras piezas proceden de la plantación cafetalera La Dionisia, cercana a Canímar. La sala de los Orishas recorre las religiones afro-cubanas a través de sus deidades reproducidas a tamaño natural, acompañados de diferentes tipologías de tambores.

La sala de Historia y Arqueología, expone una muestra de los materiales rescatados durante las excavaciones arqueológicas llevadas a cabo en el Castillo. A partir de los diferentes artefactos, se abre una ventana a la vida cotidiana en la fortaleza en el pasado. Mapas y otros documentos históricos también cuentan la historia de la construcción.

Pero el Castillo en sí mismo es una aventura inolvidable. Recorrer sus bóvedas, sus baluartes, la Plataforma de San Juan y su vista fascinante de la bahía de Matanzas, hacen de este recorrido una experiencia única en la ciudad.

Este librito, está dedicado a los más pequeños, para que comiencen a conocer algunas de las diversas historias atadas a estos muros. Los dibujos que lo ilustran son la obra del amigo e increíble artista Victorio Cué, quien con entusiasmo se enfrascó en esta noble labor de recrear el pasado. Las historias que acompañan tan estas ilustraciones son sólo un breve asomo a la rica historia del Castillo de San Severino, pero contribuyen a conocer tan importante monumento de nuestro patrimonio. Esperamos que este viaje al pasado no sólo sea entretenido, sino que también abra una puerta a la curiosidad para desentrañar los misterios de esta fortaleza colonial.

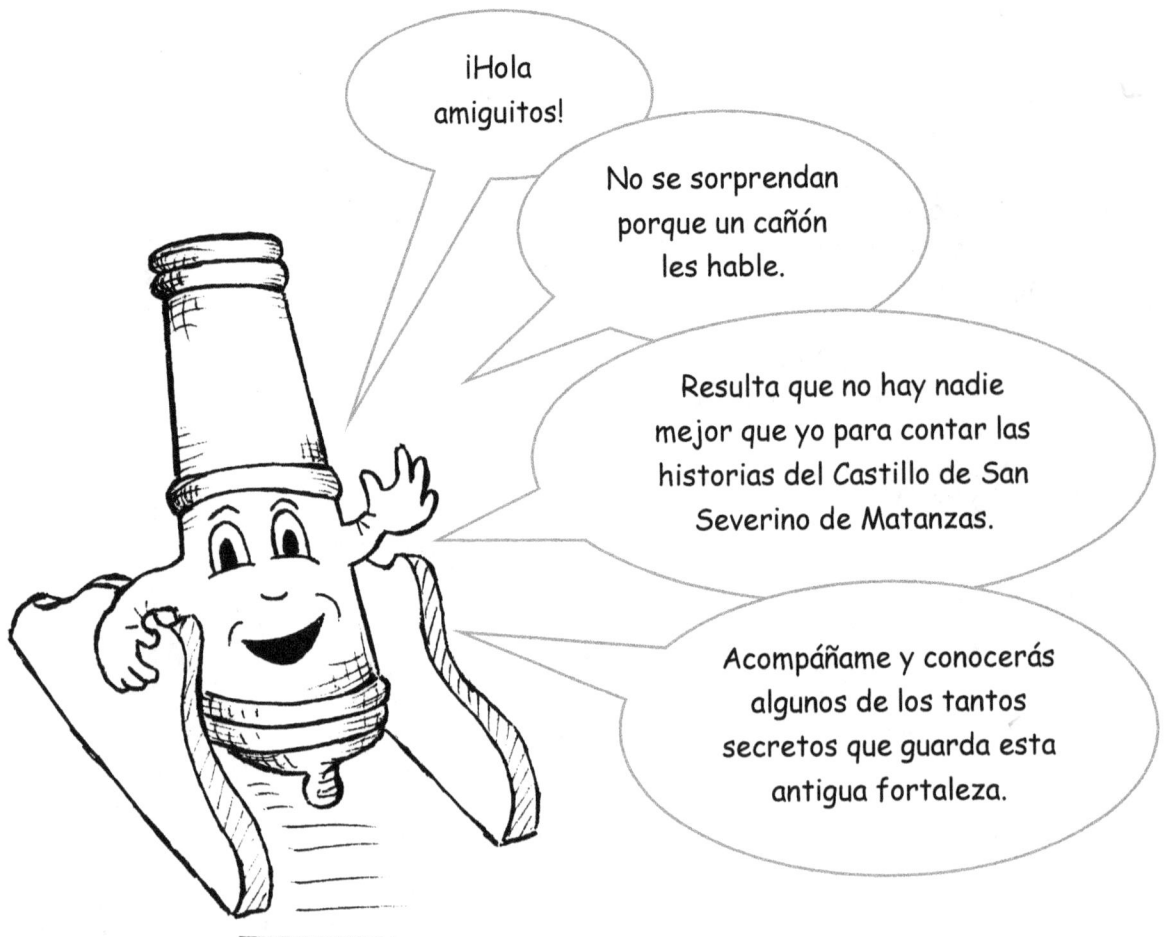

¡Hola amiguitos!

No se sorprendan porque un cañón les hable.

Resulta que no hay nadie mejor que yo para contar las historias del Castillo de San Severino de Matanzas.

Acompáñame y conocerás algunos de los tantos secretos que guarda esta antigua fortaleza.

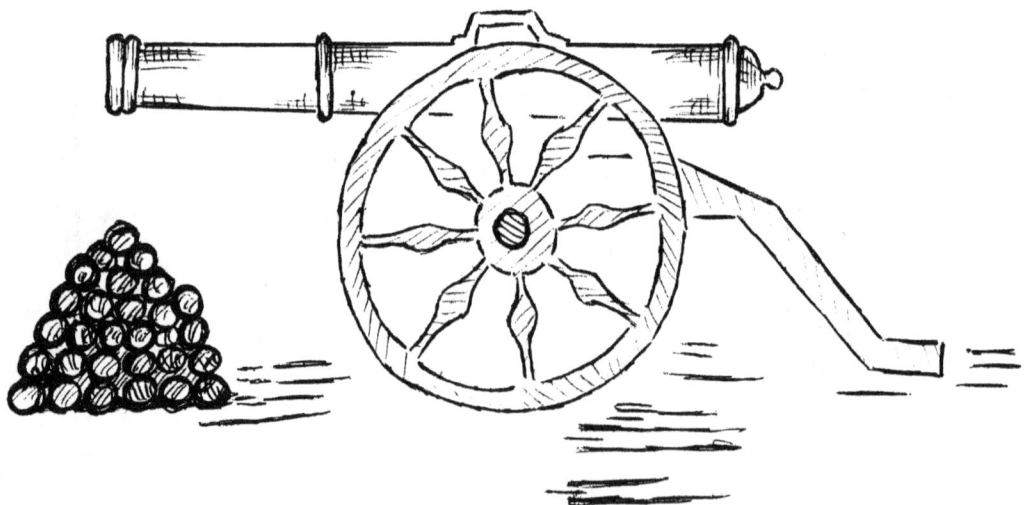

En una amplia bahía de la costa norte de Cuba se ubicaría el nuevo Castillo.

Fue aquí donde el corsario holandés Piet Heyn, en 1628, atacó a la Flota de la Plata, que llevaba a España el oro y la plata de las tierras de América.

En aquel paraje, llamado Punta Gorda, construiremos la nueva fortaleza.

Varios ingenieros militares hicieron cambios a lo largo de los años, para que el Castillo tuviera la forma que tiene ahora.

CONSTRUYENDO UN CASTILLO

El 13 de octubre de 1693 el obispo de Cuba Diego Evelino de Compostela y el Capitán General de la Isla, Severino de Manzaneda, se dirigieron al paraje denominado Punta Gorda, en la bahía de Matanzas, para bendecir la primera piedra del Castillo de San Severino. Como recordarán, las obras habían comenzado un tiempo antes, para poder preparar el terreno. Había que deforestar la zona y delinear la planta. Las canteras para extraer los sillares que conformarían la obra fueron localizadas en el mismo lugar. El trabajo de los maestros canteros fue muy importante en esta primera etapa. Las marcas de su trabajo aún se observan en los muros, con formas de torres, barcos, letras, escaleras, flechas y muchas otras.

Basado en el primer proyecto de Juan de Císcara, otro ingeniero militar, Juan de Herrera Sotomayor tuvo a cargo el desarrollo de la construcción. Entre sus aportes al inmueble se encuentra la Plataforma de San Juan, el baluarte defensivo principal de la fortaleza. Pero finalmente, sería Antonio de Arredondo quien culminaría la obra. Su plano de 1734 es uno de los más importantes que muestra esta primera etapa de San Severino.

La ciudad de Matanzas, para entonces, era una pequeña localidad, recién fundada el día anterior, un 12 de octubre de 1693. La nueva urbe no contaba con grandes construcciones, por lo que un castillo de esa magnitud debió causar sensación en la población.

Lo cierto es que la obra del Castillo de San Severino ocupó a cantidad de obreros, esclavos y maestros canteros, que eran dirigidos por el ingeniero militar a cargo. El trasiego de personas a través del puerto de Matanzas fue grande, sobre todo para un lugar no tan concurrido hasta entonces.

Entre 1734 y 1746 se termina la obra principal de la fortaleza y se coloca una tarja que recuerda al Capitán General Juan Francisco Güemes y Horcasitas, que estuvo a cargo de la isla en ese tiempo. Sin embargo, los trabajos constructivos continuaron por algunos años más. El Castillo había demorado más de cincuenta años en construirse, y el presupuesto original se multiplicó en varias ocasiones. Pero finalmente, el puerto de Matanzas contó con una fortaleza para la vigía de la población que comenzó a controlar los barcos que entraban y salían de la bahía.

El obispo Diego Evelino de Compostela y el Capitán General de la Isla de Cuba, Severino de Manzaneda, se hacen presentes para bendecir la primera piedra e iniciar oficialmente la construcción del Castillo.

Esto sucedió el 13 de octubre de 1693, al día siguiente de la fundación de la ciudad de Matanzas.

El Castillo se hizo de forma abaluartada, una vieja tradición europea.

¿Te animas a descubrir su forma?

11
·
·
12 ·
13 ·
10 ·
9 ·
15 ·
14 ·
16 ·
7 ·
8 ·
18 ·
17 ·
4 ·
5 ·
6 ·
19 ·
20 ·
3 ·
2 ·
1 ·

Une los puntos con una línea, siguiendo los números.

CASTILLO DE SAN SEVERINO

Con una flecha se indica la puerta principal. La zona rayada es donde se encuentra el foso que rodea la fortaleza.

En las cuatro esquinas están los baluartes. Al centro se halla la Plaza de Armas

Las marcas de los canteros aún pueden encontrarse talladas en los muros del Castillo. Se piensa que sirvieron para contar la producción.

Con la técnica del sillar, los maestros canteros y obreros tallaron los bloques en el mismo lugar donde se labraron los fosos de la fortaleza.

Te invitamos a caminar por el foso para que encuentres las marcas de los canteros.

Te sorprenderás al ver tantas marcas distintas.

Dibuja las que más te gusten en estos sillares.

El Comandante del Castillo, Felipe García Solís, mandó a volar el inmueble con dinamita para evitar que los ingleses ocuparan la fortaleza en 1762.

Desde el Castillo, García Solís partió en bote hacia El Morrillo, para de ahí huir hacia Villa Clara.

LA TOMA DE LA HABANA Y LA EXPLOSIÓN DE SAN SEVERINO

España e Inglaterra, dos de las principales potencias mundiales en aquellos tiempos, se habían disputado por siglos el dominio de las tierras en el continente americano. En 1754 estalla la Guerra de los Siete Años, un complicado conflicto donde estuvieron involucrados muchos países. Estaba en pugna el dominio de diferentes regiones mundiales, incluyendo Europa y América. Como parte de ese conflicto, Inglaterra ataca a La Habana en 1762. La flota inglesa era muy poderosa y, a pesar de la resistencia en el Castillo del Morro, la ciudad se rindió el 13 de agosto de ese mismo año. La rendición sólo incluía La Habana. El resto de la isla seguía bajo dominio español. Enviaron comunicaciones a las ciudades insistiendo en defender los territorios que todavía estaban bajo el mandato del Rey de España.

La cercanía de Matanzas hacía de este puerto uno de los lugares más expuestos a posibles asedios de la flota inglesa. En efecto, el 20 de junio, mientras se llevaba a cabo el ataque a La Habana, el Vice-Almirante George Pocock envía tres navíos hacia la bahía de Matanzas, para reconocer el terreno. Esta visita debió sorprender a los vecinos de la entonces pequeña ciudad, pues desde el día 13 habían llegado las las primeras noticias contando lo que estaba ocurriendo en la capital. Las autoridades locales, mientras tanto, habían hecho un llamado a la población para que se alistaran a defender la ciudad, incluyendo aquellos que hubieran cometido delitos, a quienes se les perdonaría a cambio de tomar las armas.

Para entonces, un oficial británico que estaba preso en el Castillo de San Severino se había paseado por toda la fortaleza con la esposa del Comandante Felipe García Solís. También había visitado el fuerte de La Vigía, por lo que los temores surgieron, pensando que podía dar aviso de las condiciones de defensa de la ciudad. Mientras tanto, el oficial inglés es enviado a La Habana acompañado de la esposa de García Solís, quien regresó con la noticia de que los ingleses se dirigían a Matanzas. Esto complicó todavía más la situación, pues varios voluntarios y veteranos habían abandonado la fortaleza y García Solís no tomaba las medidas necesarias para defender la ciudad.

Lo cierto es que el Comandante del Castillo ordenó sacar sus pertenencias y los objetos de valor de la capilla, se inhabilitaran los cañones y colocara la pólvora de los almacenes en los baluartes de la fortaleza. El día 26 de agosto de 1762 García Solís prendió fuego a los explosivos y partió hacia el fuerte El Morrillo, donde lo esperaban con las cabalgaduras listas para escapar hacia Villa Clara. El Castillo explotó poco tiempo después. Sus ruinas quedaron en abandono por mucho tiempo, hasta que se decidió reconstruirlo. Los ingleses igualmente ocuparon la ciudad, sin disparar un cañonazo. Algunos meses después, todavía se entretejían artimañas para librarse de ellos, pero no fue hasta el Tratado de París, en 1763, que España recupera el occidente de Cuba, al cambiarla por La Florida.

Luego de la explosión, el Castillo quedó abandonado.

Hasta se pensó en demolerlo completamente.

Varios años después, se decidió comenzar la reconstrucción.

Con la reconstrucción, varias dependencias cambiaron de función.

Para una obra de tal magnitud se necesitaron muchos obreros.

Además de los esclavos africanos, se trajeron trabajadores asalariados, prisioneros de guerra, desertores y otros enemigos de la corona.

Del profundo foso que rodea la fortaleza se recuperaron los sillares de la explosión.

La madera, como ya saben, fue muy importante en la construcción del castillo.

El puente levadizo para entrar a la fortaleza se construyó con madera, al igual que el puente fijo y la escalera que conducía al foso

En estos altos fosos transcurrieron muchas historias relacionadas con la esclavitud y nuestra Guerra de Independencia.

Desde las garitas que se encuentran en las esquinas de los baluartes, como esta que ves aquí, los guardias vigilaban los barcos enemigos.

Aquí le pedí a un amigo que caminara por el foso para que pudiesen notar su profundidad.

Estos fosos no tenían agua, como algunos castillos en Europa.

Los fosos servían para que los enemigos, en caso de ataque, no pudieran entrar al Castillo fácilmente.

Me encuentro ahora en la misma entrada del Castillo.

Ven conmigo, caminemos sobre el puente de madera y entremos por esta antigua portada.

En esta fachada adornada con columnas se encuentra uno de los escudos del Castillo.

En la época que fue colocado, sin dudas fue una pieza muy bella. Sus símbolos representan historias de familias que ayudaron a construir el Castillo.

Varios siglos expuesto a la intemperie ha provocado que muchas de sus representaciones estén bastante borrosas hoy.

Haciendo un esfuerzo, podemos reconstruir los símbolos que se tallaron en el escudo.

Estos son algunos de los símbolos que aparecen en el escudo.

La flor de lis, los árboles y los leones rampantes fueron comunes en los escudos que representaban a las familias importantes, incluyendo al propio Rey.

El león rampante con la corona era una imagen que podía ser utilizada solamente por el Rey.

Ahora nos encontramos en la antigua Plaza de Armas del Castillo.

La Plaza de Armas era un amplio patio donde formaba la tropa.

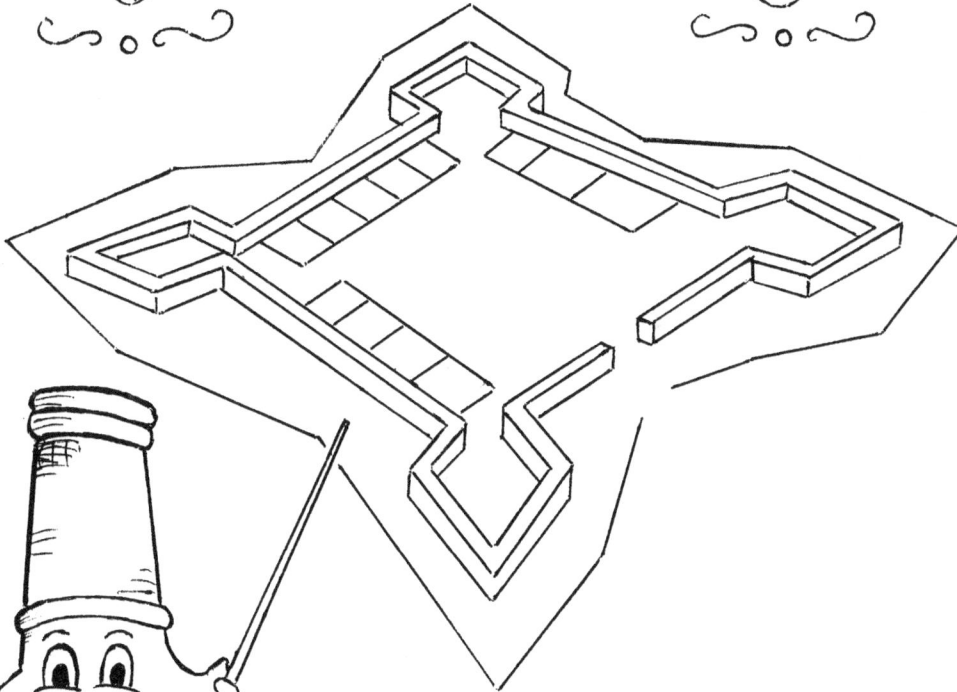

En la planta baja había distintos
locales a los que se le daban
diferentes usos.

Algunos, como la cocina,
eran frecuentados a gusto.

Otros, como la prisión,
nadie los quería visitar.

Ahora estamos en la planta alta.

A mis espaldas pueden ver la Casa del Gobernador del Castillo.

Y si caminamos un poco más, veremos las troneras, donde se ponían los cañones para disparar.

LOS CAÑONES

Los cañones o piezas de artillería, son una parte fundamental de las fortalezas militares, como el Castillo de San Severino. En 1695, dos años después de bendecirse la primera piedra, llegó el primer cargamento de cañones a Matanzas. Algunos eran de hierro y otros de bronce, de diferentes tamaños y calibres. Pero, como ya les contamos, cuando los ingleses toman La Habana y Matanzas, y el Castillo es volado por su propio Comandante, los cañones fueron inhabilitados para que los atacantes no pudieran utilizarlos. Sin embargo, cuando los ingleses se fueron, muchos meses después, se llevaron casi todos los cañones y otros armamentos y pertrechos militares, probablemente para aprovechar el metal. Esta situación, llevó a los españoles a reclamarles todo lo que se habían llevado, pero no sabemos si algo devolvieron. Lo cierto es que hoy no se encuentran cañones en San Severino que sean de ese tiempo.

De hecho, el cañón más antiguo con que contamos es de 1776 y, para mayor interés, se conservó hasta nuestros días sobre la cureña original de madera. Hace unos pocos años se reemplazó la añeja cureña por una nueva, para soportar los casi 800 kilogramos de hierro que pesa el cañón. Al mismo tiempo, se quiso proteger mejor la madera, que con los años se ha ido deteriorando. Hoy, se puede apreciar un cambio importante gracias al cuidado de los restauradores. Es interesante que en la madera se observan cantidad de agujeros de bala, lo que indica que fue utilizado como tiro al blanco. Mientras se trabajaba en su restauración, algunos plomos de los proyectiles fueron encontrados.

Aunque en la actualidad sólo se conservan dos cañones apuntando a la bahía y uno a la entrada, San Severino contó con muchos más. En la Plataforma de San Juan se pueden observar las huellas en el piso de sillares de varios semicírculos sobre los que descansaban las cureñas giratorias que se instalaron allí. Estas cureñas eran de madera y sobre ellas se subían los cañones con otra cureña de madera, para que pudieran ser girados y así tener mejor movilidad para disparar. Es interesante que la foto más antigua que se conoce de la fortaleza muestra precisamente la Plataforma de San Juan con estos cañones montados sobre esas formidables cureñas giratorias. Pero esos cañones se perdieron en el tiempo...

Algo parecido pasó con dos hermosas piezas de artillería de bronce que, lamentablemente, fueron vendidas en 1936 a un museo de los Estados Unidos. Los escudos grabados sobre estos cañones hacen de estas piezas una obra de arte. En la actualidad, se encuentran a las puertas de ese museo, como vigías del pasado.

Caminar entre los muros de esta antigua fortaleza es como un viaje en el tiempo. Imaginen las prácticas de cañón que se realizaban a diario. La ciudad escuchaba tronar con cada disparo que salía del Castillo de San Severino. Tal vez, algún día los volvamos a escuchar.

Con el paso de los años, diferentes piezas de artillería pasaron por esta fortaleza.

Esta que les presentamos se instalaron alrededor de 1876 para actualizar la artillería y proteger mejor la ciudad.

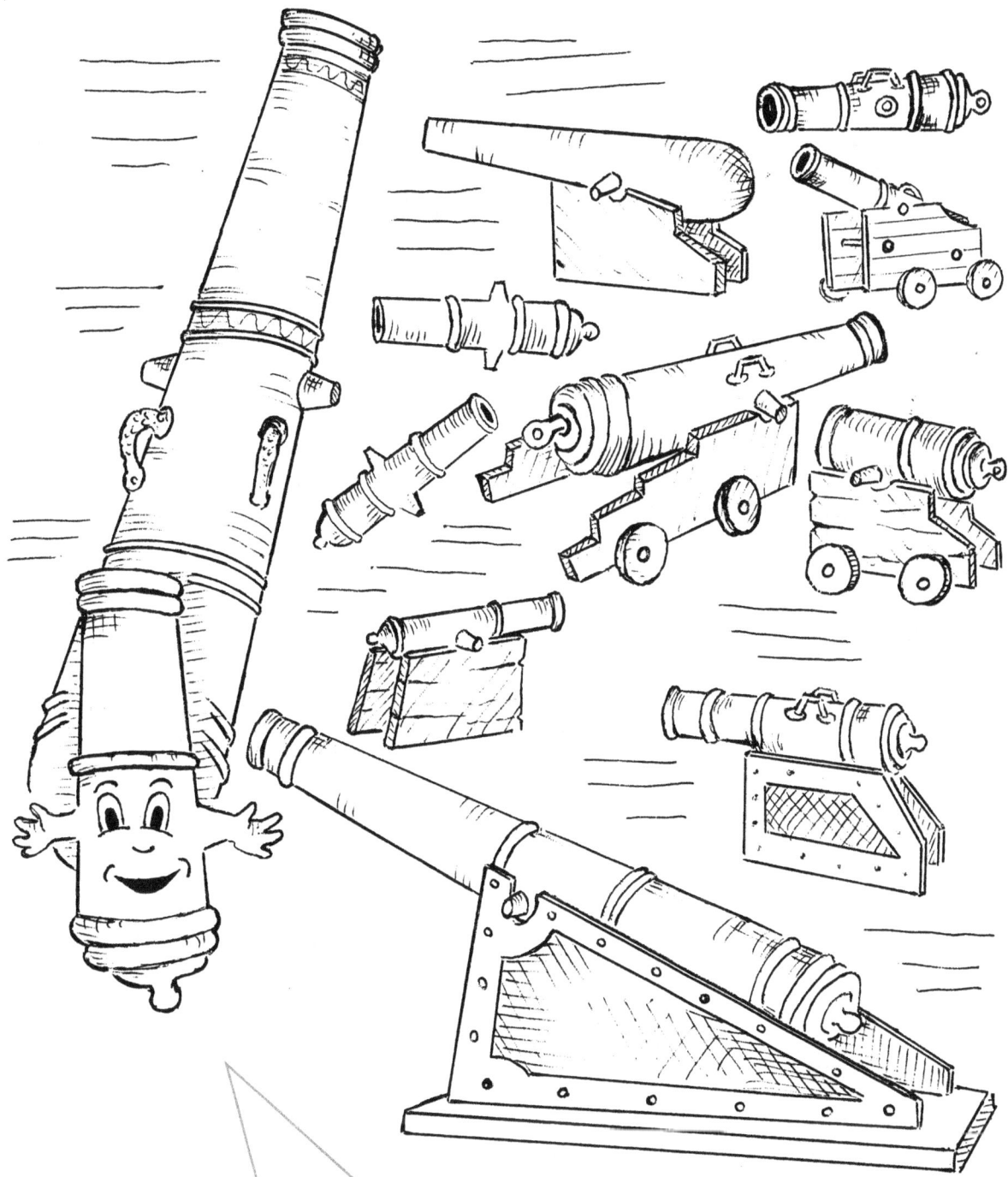

Entre los muchos cañones que conocí, los había sencillos, como yo, y otros que eran una verdadera obra de arte.

Este cañón tiene agarraderas con forma de monstruos marinos, así como distintos diseños como este escudo con corona y otros elementos ornamentales.

En una sólida garita como ésta el soldado de guardia contaba con un punto alto para una buena observación. Además, estaba protegido del sol, la lluvia, el viento y las balas enemigas.

Piratas, corsarios, filibusteros y las potencias enemigas estaban interesados por las islas de las Antillas. El grito de alarma provocado por la presencia de una o más velas en el horizonte ponían en ajetreo a todos los hombres de la fortaleza.

La vigilancia era constante y había un amplio sistema de avisos: golpes de campana, banderolas, disparos de cañón...

De noche se utilizaban faroles, cohetes...
En 1794 había 3 grandes calderos para
usarlos en caso de peligro extremo.

El sistema de vigilancia contaba con patrullas de jinetes para los alrededores del Castillo.

Postas o vigías eran establecidas en algunos parajes distantes de la costa.

DE FORTALEZA A PRISIÓN
Y LAS GUERRAS DE INDEPENDENCIA

Durante el siglo XIX el Castillo de San Severino no sólo defendía la ciudad y el puerto de Matanzas, sino que se le fueron sumando varias funciones, como Aduana y prisión. En ese tiempo, los cubanos habían iniciado las luchas por la independencia de España y las fortalezas como San Severino comenzaron a volverse obsoletas, pues las batallas se peleaban en tierra y el castillo se había construido para defenderse de los ataques que llegaban por mar. De ahí que en casi todo el país estas fortalezas de gruesos muros se convirtieran en prisiones, donde fueron a parar algunos esclavos cimarrones que luchaban contra la esclavitud y también varios mambises.

Para convertirlo en prisión tuvieron que hacer varios cambios. Las antiguas dependencias que sirvieron como cuartel de soldados y oficiales, almacenes, entre otras cosas, se cerraron con rejas. La Plaza de Armas pasó a ser el patio de la prisión. Al pasar los años, el patio se cerró con un grueso muro que lo separa de la rampa y también se dividió casi a la mitad con otro muro que separaba los presos comunes de los políticos. Todavía hoy pueden leerse inscripciones en las baldosas del patio que escribieron los presos.

Muchos independentistas fueron fusilados en los muros de esta fortaleza. Si caminamos por los fosos, podemos ver todavía las paredes llenas a agujeros de balas. A ellos les fue dedicada una tarja con sus nombres y el obelisco que se encuentra en el centro de la Plaza de Armas.

Al final de la Guerra de 1895, cuando Estados Unidos interviene en la lucha por la independencia que los cubanos le peleaban a España, el Castillo de San Severino vuelve a ser protagonista. Esta vez durante la primera batalla de la conocida Guerra Hispano-Cubano-Americana, acontecida en la bahía de Matanzas el 27 de abril de 1898. Desde aquí se organizaba la tropa para defender la población ante la amenaza de tres embarcaciones estadounidenses que bombardearon la ciudad y varias baterías que respondieron los disparos enemigos. Esta fue la última batalla del Castillo de San Severino, pero sus centenarios muros continúan vigilantes de la ciudad que lo vio nacer: Matanzas.

Durante el siglo XIX el Castillo se convierte en prisión, aunque seguía cumpliendo otras funciones, sobre todo en la protección de la ciudad.

Muchos patriotas cubanos sufrieron prisión tras estos muros.

Algunos fueron ejecutados en los fosos. Aún se ven los agujeros de las balas en las paredes.

Para los asuntos religiosos
la fortaleza contaba con
capilla y sacristía.

Un capellán, persona autorizada
para tales funciones,
daba la misa y otros ejercicios
espirituales.

Otra de las funciones que cumplió la fortaleza fue la de aduana de la ciudad.

Desde aquí se controlaba toda la mercancía que salía y entraba por el puerto de Matanzas.

Los arqueólogos han realizado excavaciones en distintos lugares de esta fortaleza.

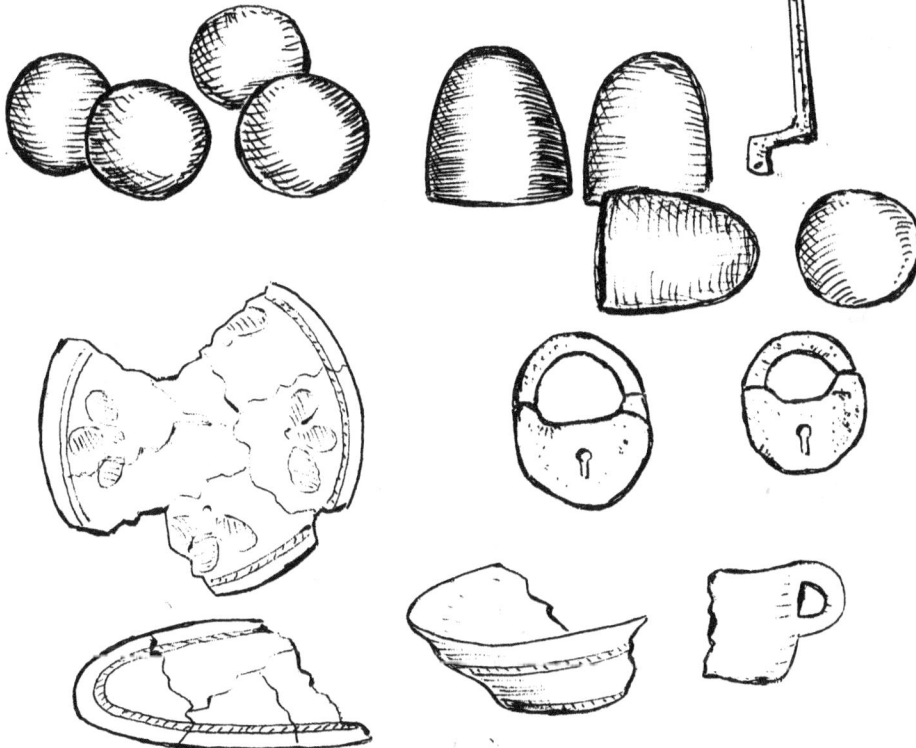

Y se han hallado muchas evidencias de la vida cotidiana: cubiertos y platos para comer, balas de cañones, candados...

A través de estos hallazgos los arqueólogos estudian la vida de los humanos en el pasado.

LA ARQUEOLOGÍA

La arqueología es una ciencia que estudia al ser humano a través de los restos materiales utilizados en el pasado, así como los paisajes habitados. Muchos problemas que nos rodean en la actualidad son investigados por los arqueólogos, buscando evidencias en las sociedades que nos precedieron. Conocer los orígenes y las consecuencias de los problemas que enfrentó la humanidad años atrás, ayuda a comprender y solucionar los enigmas actuales. De esa forma, conocer nuestro pasado contribuye al bienestar de la sociedad contemporánea.

Algunas veces, la arqueología también colabora con la restauración de los edificios históricos, la creación de exhibiciones para museos, o incluso para resolver conflictos legales, donde las técnicas arqueológicas son de gran valor.

En el Castillo de San Severino se han realizado diversas investigaciones arqueológicas, sobre todo desde que se decidió convertir la antigua fortaleza en museo. Hace más de veinte años se llevaron a cabo las primeras excavaciones arqueológicas. En aquel momento era importante la restauración del Castillo, por lo que la arqueología se utilizó para conocer detalles arquitectónicos y usos de los espacios que no se conocían con certeza a través de los documentos históricos. Por ejemplo, se hicieron excavaciones en la antigua letrina, donde se encontró cantidad de vajillas rotas y otros utensilios, así como la única moneda que se conoce de la fortaleza. La moneda es de 1789, cuando el Carlos IV era el rey de España.

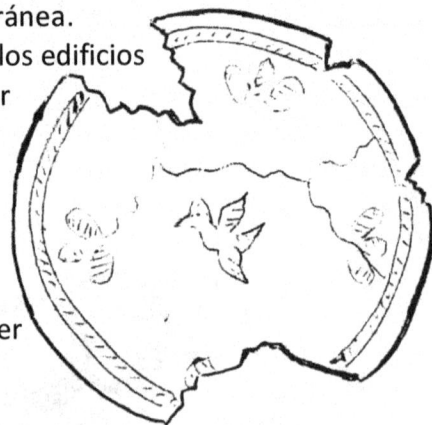

Unos años después otro grupo de arqueólogos continuaron las investigaciones. Se encontramos más evidencias, incluyendo balas de cañones. En esa ocasión se utilizaron cuerdas y equipos profesionales para descender al interior de uno de los aljibes. Para sorpresa de todos, en el fondo se encontraron cantidad de documentos históricos de la primera mitad del siglo XX.

Luego se hicieron más excavaciones. Se terminó de excavar la letrina y se hallaron muchísimos útiles de la vida cotidiana, como pipas para fumar tabaco, botones, diversos platos y otras vasijas, entre muchas otras cosas. A partir de su estudio se pudo conocer sobre los juegos y juguetes que había en la fortaleza, que las vajillas y las pipas en su mayoría eran importadas de Europa.

En otros trabajos se buscaron los cimientos del antiguo puente levadizo, donde se encontraron algunos antiguos muros que permanecían enterrados. Allí se hizo la reconstrucción del actual puente de acceso a la fortaleza. También se encontraron las huellas de las cureñas giratorias que sostenían los cañones en la Plataforma de San Juan y hasta un grabado en la pared de una de las antiguas celdas donde está representado un San Lázaro, con sus vestimentas, sus perros y una iglesia.

Son muchos los hallazgos que se han realizado en el Castillo de San Severino gracias a los arqueólogos que siguen trabajando en la centenaria fortaleza. Poco a poco, n misterios son resueltos, mientras se conoce un poco más sobre las formas de vida del pasado, para tomar mejores decisiones en el presente.

¿Ya visitaste la Sala de
Arqueología en el Museo?
Allí encontrarás varios platos
con hermosos diseños.

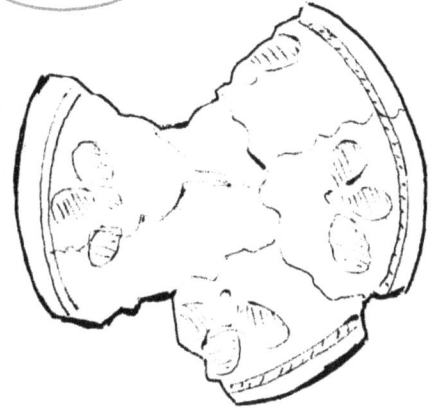

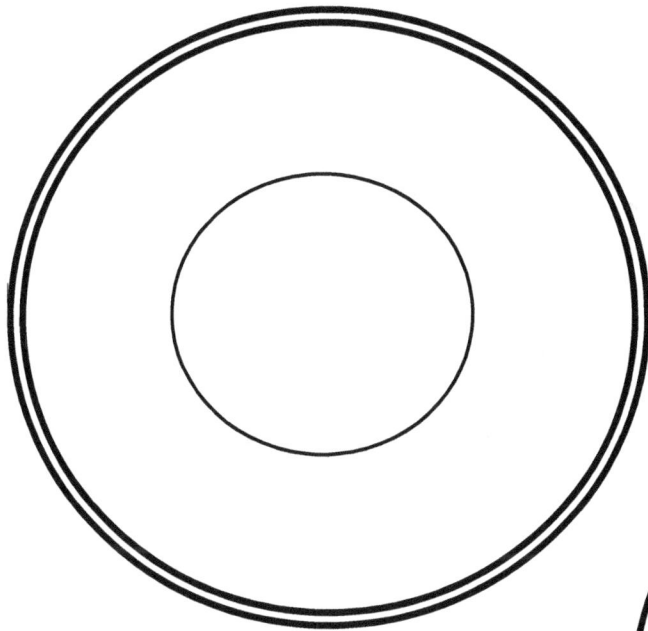

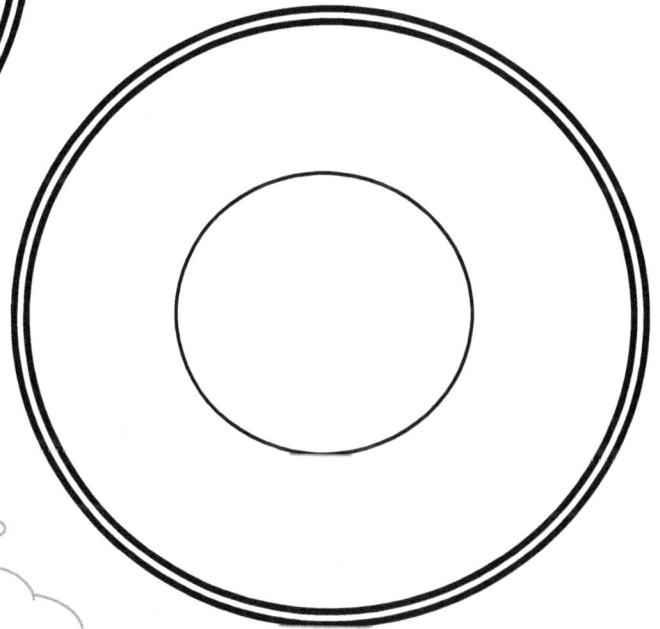

¿Te animas a dibujar los
que más te gusten?

Usa estos estos platos
para que dibujes tus
propios diseños.

Este aljibe se encuentra en la Plataforma de San Juan, cerca de la entrada principal.

Este es uno de los tres aljibes que colectaban el agua para abastecer a los soldados y realizar todas las tareas de limpieza.

Bueno amiguitos, ya me despido.
Ha sido un placer contarles algunas
de las tantas historias que atesora
es antiguo castillo.

Ahora los invito a que me visiten
para que conozcan mucho más sobre
la historia de nuestra ciudad de
Matanzas. ¡Los espero!

¿Quieres conocer más sobre el Castillo de San Severino?

Castillo de San Severino: insomne caballero del puerto de Matanzas
Silvia Hernández Godoy
Ediciones Matanzas, 2006

Castillo de San Severino. Museo de la Ruta del Esclavo. Guía de visitante
Odlanyer Hernández de Lara, Johanset Orihuela, Boris Rodríguez
Aspha Ediciones, 2017
Descarga gratis: www.cubaarqueologica.org/document/GUIA_CSS_2017.pdf

Castillo de San Severino
Museo de la Ruta del Esclavo

Dirección

Zona Industrial
Versalles
Matanzas, Cuba

Teléfono

+(53) 4528-3259

Facebook

@CastilloSanSeverino

Horarios

Lunes: cerrado

Martes a Domingo: 9:00am - 4:00pm

Precio: $2.00 MN / $2.00 US

Durante su visita... recuerde:

No se permite comida o bebida dentro del Museo.

Por favor, no toque las exhibiciones a menos que haya alguna señal que indique lo contrario.

No está permitido fumar en el Museo. Todo el área es libre de humo.

No está permitido las fotos con flash en las salas del Museo.

Los niños deben estar acompañados de adultos.

El Museo es accesible con silla de ruedas en algunas áreas.

Los baños dentro del Museo están ubicados en la Casa del Gobernador.